RÉCLAMATIONS FINANCIÈRES ET DE RICHESSE

RÉCLAMATIONS FINANCIÈRES ET DE RICHESSE

RÉCLAMATIONS FINANCIÈRES ET DE RICHESSE

LE GRAND LIVRE DES AFFIRMATIONS ET DES PHRASES PUISSANTES DES GURUS FINANCIERS!!

RÉCLAMATIONS FINANCIÈRES ET DE RICHESSE

CONTENU

Introduction

Chapitre 1: Qu'en est-il de la richesse et des créances financières

Chapitre 2: Cotations financières

Chapitre 3: Réclamations financières générales

Chapitre 4: Citations financières en matière d'investissement

Chapitre 5: Conclusion

RÉCLAMATIONS FINANCIÈRES ET DE RICHESSE

Introduction

De nombreuses personnes cherchent à augmenter leurs revenus, à accroître leur richesse, à se désendetter et à s'assurer une sécurité financière. De nombreuses personnes se demandent pourquoi certains individus ont la chance d'avoir beaucoup de revenus et d'autres pas. Eh bien, il y a beaucoup de mystères dans la vie, mais un principe aussi vieux que le monde est la loi de l'attraction. Obtenez ici toutes les informations dont vous avez besoin.

Chapitre 1: Qu'en est-il de la richesse et des créances financières

Quelle est la loi de l'attraction ? Il est devenu un mot viral de plus en plus populaire depuis la célébrité sauvage de livres comme "Le secret" et le film "The Secret".

Cependant, bien avant "Le secret", les individus ont utilisé des affirmations et des visualisations positives pour attirer les choses qu'ils désirent dans leur vie.

Le principe est assez simple. La loi de l'attraction dit essentiellement que tout ce que vous pensez ou ressentez se manifeste dans votre vie.

Par exemple, avez-vous déjà pensé à une vieille connaissance à qui vous n'avez pas parlé depuis longtemps ? Vous vous demandez ce qu'ils font, et soudain quelqu'un se met à parler d'eux, ou ils apparaissent dans votre vie d'une manière un peu folle - vous vous ajoutez comme ami sur Facebook, par exemple.

C'est ainsi que fonctionne la loi de l'attraction.

Nous avons des milliers de pensées qui nous traversent le cerveau chaque jour, et l'essentiel est de les affiner et de les concentrer sur ce que nous voulons, afin que ce que nous voulons apparaisse!

La raison pour laquelle la plupart des individus ne gagnent pas de revenus, ou ne trouvent pas qu'il est facile d'en gagner, est qu'ils ont des associations et des notions néfastes sur les revenus.

Si vous pensez que les revenus vous rendent vicieux, ou que les revenus sont difficiles à obtenir, ou que quiconque a des revenus doit avoir escroqué quelqu'un, ou que les individus qui ont des revenus sont égoïstes, alors naturellement, vous n'allez pas attirer la prospérité dans votre vie. Si vous vous concentrez constamment sur votre dette, vous serez toujours endetté.

RÉCLAMATIONS FINANCIÈRES ET DE RICHESSE

Lorsque vous commencez à considérer le revenu comme une simple énergie qui peut facilement s'intégrer à votre vie, vous serez surpris de la facilité avec laquelle vous le faites. Les affirmations peuvent aider à façonner vos pensées et vos sentiments concernant les revenus, de sorte que vous commencerez à modifier vos notions et à gagner plus de revenus.

Il est essentiel que vos comptes de résultats soient crédibles pour vous. Si vous leur résistez, elle ne sera pas efficace pour attirer la richesse et gagner des revenus. Ainsi, si une affirmation du type "je vais gagner un million de dollars cette année" ne semble pas réalisable, elle n'apparaîtra pas, même si vous l'affirmez.

RÉCLAMATIONS FINANCIÈRES ET DE RICHESSE

Dans ce livre, il y a des déclarations de revenus et des citations de revenus que j'ai utilisées dans le passé et ici et maintenant et qui m'aident à gagner des revenus, à obtenir des revenus et à faire en sorte que des revenus gratuits apparaissent tout simplement dans ma vie.

Il est essentiel de ressentir une véritable gratitude pour ce que l'on vous donne. La gratitude est l'une des clés du bonheur et de la prospérité.

L'illustration, "Je veux vivre une relation satisfaisante pour la vie" et "Je ne veux pas finir triste et seul" peuvent sembler deux façons de dire la même chose. Ils ne le sont pas. Pour votre subconscient, ils disent le contraire.

Votre subconscient ne comprend pas la différence entre "je souhaite" et "je ne souhaite pas". Il entend simplement "relation épanouissante pour la vie" ou "triste et solitaire".

Si vous voulez maîtriser votre affirmation pour produire la richesse et la prospérité que vous désirez, vous devez le faire correctement.

Bien que les affirmations positives se présentent sous de nombreuses formes, la structure reste la même. Quelle que soit la forme que vous choisissez, soyez aussi clair, particulier et précis que possible :

Je suis : une affirmation de qui vous êtes.

Ce sont des affirmations positives d'un véritable état d'être qui vit en vous. Vous pouvez obtenir une liste complète d'affirmations "Je suis" en faisant un inventaire personnel favorable de vos attributs, forces, talents et compétences.

- Je suis en parfaite santé d'esprit, de corps et d'âme.
- Je suis un esprit maître et j'utilise ma sagesse tous les jours.
- Je suis passionné par tout ce pour quoi je travaille.

Je peux le faire : une déclaration de votre potentiel.

RÉCLAMATIONS FINANCIÈRES ET DE RICHESSE

C'est une expression favorable de votre pouvoir d'atteindre des objectifs. C'est une déclaration de confiance dans votre pouvoir de vous développer, de changer et de vous aider vous-même.

Les déclarations "Je peux" peuvent être conçues après que vous ayez défini un ensemble d'objectifs.

- Je peux aimer mon partenaire sans condition.
- Je peux arrêter de fumer facilement.
- Je peux développer mon entreprise et être financièrement libre.

Je vais le faire : une déclaration de changement favorable dans votre vie.

Énoncés favorables de ce que vous voulez qu'il se passe. Une prophétie de succès. Les affirmations de ma volonté sont faites après que vous ayez établi vos priorités et vos objectifs. Souvent, le mot "volonté" peut être supprimé pour faire entrer la déclaration dans l'actualité.

- Je m'aimerai et je me nourrirai mieux chaque jour.
- Je vais gagner chaque jour plus de confiance en moi.
- Je vais faire mes visualisations tous les jours.

Chapitre 2: Cotations financières

Les rencontres financières et patrimoniales peuvent vous inspirer. Voyons un peu.

Citations

- "Les femmes simulent des orgasmes et les hommes simulent des finances." - Suze Orman

- "Si vous êtes dans le plus chanceux de l'humanité, vous devez au reste de l'humanité de penser aux autres 99%".
Warren Buffett

- "Règle n°1 : Ne jamais perdre d'argent. Règle n° 2 : Ne jamais oublier la règle n° 1. - Warren Buffett

- "Un homme a toujours deux raisons pour ce qu'il fait... une bonne, et la vraie." - J.P. Morgan

- "J'essaie de ne pas emprunter, d'abord tu empruntes, puis tu supplies." - Ernest Hemingway

- "Les prévisions peuvent vous en dire beaucoup sur le pronostiqueur ; elles ne vous disent rien sur l'avenir." - Warren Buffett

- "Les gens du même métier se rencontrent rarement, même pour s'amuser, mais la conversation se termine par une conspiration contre le public, ou par un artifice quelconque pour faire monter les prix" - Adam Smith, The Wealth of Nations : An investigation into the nature and causes of the wealth of nations

- "Vos actions sont vos seuls véritables biens."
- Allan Lokos, Patience : L'art de vivre en paix.

- "Cette histoire est le dernier exemple en date du plus grand problème politique de l'Amérique. Nous n'avons plus la capacité d'attention nécessaire pour faire face à n'importe quelle crise du 21e siècle. Nous vivons dans une économie immensément complexe et sommes complètement à la merci du petit groupe de personnes qui la comprennent - qui, soit dit en passant, sont souvent les mêmes qui ont construit ces systèmes économiques d'une complexité inouïe. Nous devons faire confiance à ces personnes pour faire ce qui est juste, mais nous ne pouvons pas, parce que, eh bien, ce sont des ordures. Ce qui est un gros problème, si vous y réfléchissez bien. Matt Taibbi, Griftopia : Les machines à bulles, les calamars vampiriques et la longue arnaque qui déchire l'Amérique.

- "Notre économie morale a fait faillite bien avant l'économie financière." Steve Maraboli, No Apologies : Reflections on Life and the Human Experience.

- "L'escroquerie de base à l'ère d'Internet est assez facile à comprendre, même pour les personnes illettrées financièrement. C'était comme si des banques comme Goldman enroulaient des rubans autour de pastèques, les lançaient par les fenêtres de quinze étages et ouvraient les téléphones pour faire des offres. Dans ce jeu, vous n'êtes gagnant que si vous sortez votre argent avant que le melon ne touche le trottoir" - Matt Taibbi, Griftopia : Bubble Machines, Vampire Squid, and the Long Con that's Breaking America

- "Le prix n'est pas seulement une question de chiffres. C'est un sacrifice satisfaisant".

RÉCLAMATIONS FINANCIÈRES ET DE RICHESSE

Toba Beta, maître de la stupidité

- "Les hommes d'affaires sont comme les requins, non seulement parce que nous sommes gris et un peu gras, ou parce que nos dents suivent la trace des entrailles de ceux que nous avons éviscérés, mais parce que nous devons avancer ou mourir".
Stanley Bing

- "Personne ne devrait abandonner une femme après lui avoir jeté beaucoup d'or dans sa détresse ! Il devrait l'aimer pour toujours ! Vous êtes jeune, vous n'avez que vingt-et-un ans, vous êtes gentil, droit et beau.

Vous allez me demander comment une femme peut accepter de l'argent d'un homme. N'est-il pas naturel de tout partager avec celui à qui nous devons tout notre bonheur? Lorsque l'on a tout donné, comment peut-on argumenter sur une simple partie de celui-ci? L'argent n'est important que lorsque le sentiment a cessé. N'est-il pas destiné à la vie? Comment peut-on prévoir la séparation quand on pense que quelqu'un nous aime? Lorsqu'un homme jure l'amour éternel, comment peut-il y avoir des préoccupations distinctes dans ce cas? - Honoré de Balzac, Père Goriot

- "Vous pouvez toujours vous adresser à une industrie, à une université ou au gouvernement et si vous pouvez les persuader que vous avez quelque chose en jeu, alors ils peuvent y mettre l'argent après s'être privés de presque tous les bénéfices. Et, naturellement, ils dirigeaient le spectacle parce que c'était leur argent et que tout ce que vous aviez fait était de transpirer et de saigner". - Clifford D. Simak, Tous les pièges de la Terre

- "À bien des égards, l'effet de l'accident sur le détournement de fonds a été plus important que sur le suicide. Pour l'économiste, le détournement de fonds est le plus intéressant des crimes. Ce n'est que parmi les différentes formes de vol qu'elle a un paramètre temporel. Des semaines, des mois ou des années peuvent s'écouler entre la perpétration du crime et sa découverte (il s'agit d'ailleurs d'une période pendant laquelle l'escroc a son gain et l'homme qui a été détourné, curieusement, ne ressent aucune perte). Il y a une augmentation nette de la richesse psychique).) A tout moment, il existe un inventaire des détournements de fonds non découverts dans les entreprises et les banques du pays - ou plus précisément pas. Cet inventaire - qu'il faudrait peut-être appeler détournement de fonds - s'élève à tout moment à plusieurs millions de dollars. Sa taille varie également en fonction du cycle économique.

RÉCLAMATIONS FINANCIÈRES ET DE RICHESSE

En période de prospérité, les gens sont détendus, confiants et l'argent est abondant. Mais même si l'argent est abondant, il y a toujours beaucoup de gens qui ont besoin de plus. Dans ces circonstances, le taux de détournement augmente, le taux de découverte diminue et le détournement augmente rapidement. En cas de dépression, tout cela est inversé.

L'argent est surveillé avec un œil étroit et méfiant. L'homme qui la manipule est censé être malhonnête jusqu'à preuve du contraire. Les audits sont omniprésents et méticuleux. La moralité des entreprises s'est énormément améliorée. Le bezzle se réduit. John Kenneth Galbraith

- Tout comme le boom a accéléré le taux de croissance, le crack a fait progresser considérablement le taux de découverte. En quelques jours, quelque chose de proche de la confiance universelle est devenu quelque chose de proche de la suspicion universelle.

RÉCLAMATIONS FINANCIÈRES ET DE RICHESSE

Des audits ont été commandés. On a constaté un comportement tendu ou perturbé. Plus important encore, l'effondrement de la valeur des actions a rendu irrémédiable la position de l'employé qui avait détourné les fonds pour jouer sur le marché. Il a maintenant avoué". John Kenneth Galbraith, Le grand choc de 1929

- "Les finances personnelles sont comme la santé personnelle des gens, cruciales et tragiques pour celui qui souffre mais ennuyeuses pour celui qui écoute. "- Thomas Keneally, Retrouver Schindler : un souvenir

- "Le but de la retraite est de vivre de vos biens, pas d'eux"... Frank Eberhart

- "La première règle pour gagner de l'argent est de ne pas le perdre". - Steven J.

Lee, The Money Plan: Créer des richesses personnelles pour un avenir sûr - "Suis-je endetté? Je suis un vrai Américain!"

- Extrait de "Perfect Strangers" (en anglais)

- "Les vertus de la libre entreprise peuvent être faussées par la cupidité et la tromperie." - Allan Lokos, La patience : l'art de vivre en paix

- "Vous n'aimerez pas votre conseiller en investissement, car si elle était aussi intelligente, elle serait déjà à la retraite." - Steven J. Lee, The Money Plan : Créer des richesses personnelles pour un avenir sûr

- "Vous n'oublierez pas que l'argent n'est que de l'argent et non du caractère ou de la gloire." - Steven J. Lee, The Money Plan : Créer des richesses personnelles pour un avenir sûr

RÉCLAMATIONS FINANCIÈRES ET DE RICHESSE

- "Je vois des présidents morts. Lincoln, Jefferson, Franklin et Washington". - Nicole Fende, Comment devenir une rock star de la finance

- De nombreuses petites entreprises préfèrent faire face à une horde de barbares en colère plutôt que de s'occuper de leur trésorerie ou de fixer le prix d'un nouveau produit" - Nicole Fende, Comment devenir une rock star de la finance

- "Eh bien, tu vois cette fille là-bas, celle qui, dans ce groupe, te regarde sans cesse ?"... "Eh bien, disons que je suis convaincu qu'elle porte une culotte noire - elle ressemble à une fille en culotte noire pour moi - et je suis tellement sûr que c'est ce qu'elle porte, tellement sûr de ce fait vestimentaire, que je veux parier un million de dollars. Le problème, c'est que si je me trompe, je suis fini. Alors je parie aussi qu'elle porte une

RÉCLAMATIONS FINANCIÈRES ET DE RICHESSE

culotte qui n'est pas noire, mais de n'importe quelle couleur - disons que je mets neuf cent cinquante mille dollars sur cette possibilité : c'est le reste du marché ; c'est la haie. C'est un exemple grossier, d'accord, à tous égards, mais écoutez-moi. Maintenant, si j'ai raison, je gagne cinquante mille, mais même si j'ai tort, je vais perdre cinquante mille, parce que je suis couvert. Et parce que 95 % de mon million de dollars n'est pas utilisé...

On ne me demandera jamais de le prouver : le seul risque est dans la propagation - je peux faire des paris similaires avec d'autres personnes. Ou je peux parier sur autre chose. Et surtout, je n'ai pas besoin d'avoir raison tout le temps - si je peux obtenir la bonne couleur de vos sous-vêtements cinquante-cinq pour cent du temps, je vais finir par être très riche..." - Robert Harris, L'indice de la peur

- "Si vous devez dix livres à la Banque d'Angleterre, ils vous mettent en prison, mais si vous devez un million de livres, ils vous invitent à rejoindre le conseil d'administration" - Philippe Ries

- "Le capital accumulé aux XVIIIe et XIXe siècles à travers les différentes formes de l'économie esclavagiste circule toujours", a déclaré De Jong, "il continue à susciter l'intérêt, à augmenter plusieurs fois et à s'épanouir continuellement" - W.G. Sebald

Chapitre 3: Réclamations financières générales

Vous êtes en mesure de vous affirmer comme ayant une grande richesse et prospérité. Examinons quelques affirmations.

Affirmations

- Mon abondance financière est aujourd'hui débordante.

- La présence de la joie dans mon cœur libère une abondance de bien dans ma vie.

- J'étais destiné à être prospère. J'ai de l'abondance à partager et à sauver.

RÉCLAMATIONS FINANCIÈRES ET DE RICHESSE

- Maintenant, je fais fortune en faisant ce que j'aime.

- L'argent vient facilement et librement.

- Maintenant, je donne et je reçois plus librement.

- Maintenant, j'attire l'argent sans effort.

- Maintenant, je suis un puissant aimant à argent.

- Je réponds immédiatement, dans la foi, à la direction du Saint-Esprit qui est en moi. Je suis toujours au bon endroit au bon moment car mes pas sont ordonnés par la puissance supérieure.

- La puissance supérieure m'a donné tout ce qui concerne la vie et la piété, et je suis capable de posséder tout ce que la puissance supérieure a prévu pour moi.

- La richesse se déverse dans ma vie.

- Je vais créer un foyer plein de joie et de paix.

- Je suis libre de toute dette

- J'augmente constamment mes revenus

- Je suis financièrement libre

- La puissance supérieure est la source infaillible et illimitée de mon approvisionnement. Mes revenus financiers augmentent maintenant à mesure que les bénédictions de la puissance supérieure me prennent.

RÉCLAMATIONS FINANCIÈRES ET DE RICHESSE

- J'attire maintenant des opportunités incroyables pour augmenter ma richesse et ma vie.

- J'ai maintenant une liberté financière sans souci dans le monde !

- Je remercie Dieu pour mes valeurs financières.

- Je peux maintenant investir mon argent de manière judicieuse.

- Maintenant, j'ai la sagesse divine en matière d'argent.

- Je ne reçois pas seulement de l'argent, mais j'en donne aussi.

- Maintenant, j'attire facilement l'argent.

- Quand je donne, on me donne, en bonne mesure, on me presse, on me secoue et on m'écrase. (Veuillez noter que le don se fait sous toutes les formes... de l'argent, un coup de main, votre temps pour un autre, vos encouragements, votre sourire. Tout ce dont vous avez besoin est la volonté de donner pour ce jour, comme indiqué).

- Je gagne maintenant ($) par mois.

- J'ai ($) à la fin de cette semaine.

- Je peux maintenant donner ($) par semaine ou par mois aux moins fortunés.

- Mes finances sont divinement bénies.

- Je suis maintenant maître de mes finances.

- Je suis comme un arbre planté au bord d'une rivière, je porte des fruits en mon temps, ma feuille ne se fane pas et tout ce que je fais prospère. La grâce de la puissance supérieure fait même prospérer mes erreurs.

- J'attire les opportunités à moi

- Je suis un aimant à argent. Je me considère comme un milliardaire.

- Tout ce que je veux me vient facilement et sans effort.

- Je suis en train d'attirer un emploi qui me procurera une sécurité financière à moi et à ma famille.

- La richesse inonde ma famille au moment où je vous parle

- Je suis prospère dans tout ce que je fais

- Tous les obstacles et les entraves à ma prospérité ont été levés.

- J'ai maintenant une totale liberté financière pour faire, être et avoir tout ce que je souhaite.

- Aujourd'hui, je suis de plus en plus prospère chaque jour.

- J'ai toujours une abondance d'argent qui me circule

- Je suis maintenant définitivement libéré de toute dette et de tout problème d'argent.

- Je pense toujours positivement à l'argent.

- J'ai de nombreuses opportunités financières.

- Je trouve toujours un moyen de faire un gros bénéfice.

RÉCLAMATIONS FINANCIÈRES ET DE RICHESSE

- Je suis riche et prospère.

- J'ai la conviction que je suis guidé par des moyens qui donnent des résultats étonnants.

- Je me remplis l'esprit de l'idée d'abondance, et l'abondance se manifeste dans toutes mes affaires.

- Je reconnais ma véritable Source et laisse la prospérité se déverser dans chacune de mes expériences.

- Mon partenaire et moi prenons régulièrement le contrôle de nos finances et de notre budget.

- Je commence aujourd'hui à m'ouvrir à une prospérité de plus en plus grande.

RÉCLAMATIONS FINANCIÈRES ET DE RICHESSE

-Mon revenu est en constante augmentation.

- Je reçois maintenant mon bien à la fois de sources attendues et inattendues.

- Je suis entouré de gens d'affaires très intelligents, super efficaces et brillants...

- L'abondance m'entoure. Aujourd'hui, je réclame ma part.

- Mes pensées de prospérité créent mon monde prospère.

- Ma vie est remplie d'une abondance de biens.

- Avec la guidance de la puissance supérieure, ma vie est pleine de succès joyeux et de riche abondance.

- Je libère tous les sentiments de manque et de limitation. J'accepte avec joie les bienfaits de la joie et de l'abondance.

- Aujourd'hui, elle est riche en opportunités et j'ouvre mon cœur pour les recevoir.

- L'argent circule librement et abondamment dans ma vie.

- Attirer de l'argent est facile.

- Je suis mon propre patron. Je travaille quand je veux, où je veux et comme je veux, et je suis bien payé pour mes efforts.
- Je suis un milliardaire.

- L'argent me vient facilement et sans effort.

- Je suis ouvert et réceptif à de nouvelles sources de revenus.

RÉCLAMATIONS FINANCIÈRES ET DE RICHESSE

- J'attire l'abondance sans effort.

- Je mérite d'être riche.

- Des choses merveilleuses m'arrivent parce que je vis avec une attitude de gratitude.

- Je suis digne de tout ce que mon cœur désire. C'est mon héritage divin !

- J'imagine l'abondance pour moi et pour les autres.

- J'ai toujours plus d'argent qui rentre que qui sort.

- Je me permets d'avoir plus que ce dont j'ai toujours rêvé.

RÉCLAMATIONS FINANCIÈRES ET DE RICHESSE

- Je crois pleinement en ma capacité à attirer l'argent.

- J'ai une mentalité d'argent.

- L'argent semble toujours venir à moi.

- J'attire naturellement l'argent et l'abondance matérielle.

- J'ai confiance que tout viendra au bon moment et de la manière la plus parfaite.

- Je m'abandonne à mon bien supérieur.

- J'invite et je laisse entrer le bien dans ma vie.

- Je subviens abondamment à mes besoins en chemin.

RÉCLAMATIONS FINANCIÈRES ET DE RICHESSE

- Je connais ma valeur, j'honore ma valeur.

- Tout l'argent que je dépense enrichit la société et me revient multiplié.

- Ma vie est pleine d'abondance.

- Je me concentre sur l'obtention de la richesse.

- Mon compte bancaire ne semble jamais cesser de croître.

- Je suis très concentré sur la réussite financière.

- Je suis ouvert à recevoir.

- Je me sens bien avec tout l'argent que je dépense.

RÉCLAMATIONS FINANCIÈRES ET DE RICHESSE

- Mon argent est une source de bien pour moi et pour les autres.

- Je suis financièrement indépendant et libre.

- J'ai maintenant un revenu financier important, stable, fiable et permanent.

- La puissance supérieure aspire à m'apporter le bien !

- Je suis rempli de la connaissance de la volonté de la puissance supérieure en toute sagesse et compréhension spirituelle, sa volonté est ma prospérité.

- J'interdis aux pensées d'échec et de défaite de s'installer dans mon esprit.

- Je suis rempli de la sagesse de la puissance supérieure, et je suis amené à prendre des décisions financières sages et prospères.

L'esprit de la puissance supérieure me guide dans toute la vérité concernant mes affaires financières.

- La puissance supérieure fait en sorte que mes pensées soient en accord avec sa volonté? mes plans sont établis et réussis.

- Ayant reçu l'abondance de la grâce et le don de la justice, je règne comme un roi dans la vie.

- J'ai toujours de l'argent.

- J'attire l'abondance financière.

- Mon esprit est bien réglé pour attirer des richesses massives.

Chapitre 4: Citations financières en matière d'investissement

Pour avoir de bonnes compétences en matière d'investissement, vous devez avoir de l'inspiration et des connaissances dans des domaines particuliers. Examinons les citations de certains de ces domaines particuliers.

Les compétences dont vous avez besoin

- "L'investisseur individuel doit toujours agir comme un investisseur et non comme un spéculateur. - Ben Graham Vous êtes un investisseur, pas quelqu'un qui peut anticiper l'avenir. Basez vos conclusions sur des faits et des analyses réels plutôt que sur des prévisions risquées et dangereuses.

- "Il ne s'agit pas de savoir combien d'argent vous gagnez, mais combien d'argent vous économisez, combien cela vous coûte et pour combien de générations vous l'économisez. - Robert Kiyosaki

Si vous êtes millionnaire au début, mais que vous perdez tout au milieu de votre vie, vous avez gagné beaucoup d'argent. Faites fructifier et protégez votre portefeuille d'investissement en le diversifiant soigneusement, et vous vous retrouverez à financer de nombreuses générations à venir.

- "Sachez ce que vous possédez, et sachez pourquoi vous le possédez. - Peter Lynch Faites vos devoirs avant de prendre une décision. Et une fois que vous avez pris une décision, veillez à réévaluer votre portefeuille en temps utile. Une rétention raisonnable maintenant peut ne pas être une rétention judicieuse plus tard.

- "La paix financière n'est pas l'acquisition de choses. C'est apprendre à vivre avec moins que ce que l'on gagne, afin de pouvoir rembourser l'argent et avoir de l'argent à investir. Vous ne pouvez pas gagner de l'argent tant que vous n'avez pas fait cela". - Dave Ramsey

En étant modeste dans vos dépenses, vous pouvez vous assurer que vous aurez assez pour votre retraite et que vous pourrez aussi redonner à la communauté.

- "Investir devrait être plus comme regarder la peinture sécher ou regarder l'herbe pousser. Si vous voulez de l'excitation, prenez 800 $ et allez à Las Vegas. - Paul Samuelson

RÉCLAMATIONS FINANCIÈRES ET DE RICHESSE

Si vous pensez qu'investir est un jeu de hasard, vous vous trompez. Le travail à accomplir exige de la planification et de la patience. Pourtant, les gains que vous voyez au fil du temps sont touchants !

- Dans le monde de l'investissement, les fonds ne se terminent pas par un minimum de quatre ans, mais par un minimum de dix ou quinze ans. - Jim Rogers Bien que les creux de dix ou quinze ans ne soient pas typiques, ils se produisent. En ces temps de déprime, n'hésitez pas à faire le tour du marché et à investir ; vous pourriez faire fortune en faisant un geste sans crainte - ou tout perdre.

- "Je vais vous dire comment devenir riche. Fermez les portes. Ayez peur quand les autres sont avides. Soyez avides quand les autres ont peur". - Warren Buffett

Soyez prêt à investir dans un marché en baisse et à "sortir" dans un marché en hausse.

- "La bourse est pleine d'individus qui connaissent le prix de tout, mais la valeur de rien." - Phillip Fisher Un témoignage différent sur le fait qu'investir sans formation et sans recherche finira par entraîner des décisions d'investissement regrettables. La recherche est bien plus qu'une simple écoute de l'opinion publique.

- "En matière d'investissement, ce qui est confortable est rarement rentable." - Robert Arnott

De temps en temps, vous devrez sortir de votre zone de confort pour réaliser des gains importants. Comprenez les limites de votre zone de confort et faites de l'exercice en dehors de celle-ci à petites doses. Autant vous connaissez le marché, autant vous devez vous connaître vous-même. Pouvez-vous supporter de rester sur le marché quand tous les autres battent en retraite ou de vous en sortir pendant le plus grand rallye du siècle ? Il n'y a pas de place pour la fierté dans ce genre d'auto-analyse. Le plus gros plan d'investissement peut devenir le pire si vous n'avez pas les tripes pour vous y tenir.

- "Combien de millionnaires connaissez-vous qui se sont enrichis en investissant dans des comptes d'épargne? Je n'ai plus rien à dire". - Robert G. Allen

Bien qu'investir dans l'épargne soit un pari sûr, vos gains seront minimes compte tenu des taux d'intérêt excessivement bas. Cependant, n'en abandonnez pas un complètement. Un compte d'épargne est un endroit fiable pour un fonds d'urgence, alors qu'un investissement de marché ne l'est pas.

- Investissez en vous-même. Votre carrière est le moteur de votre richesse. - Paul Clitheroe

Nous voulons tous la richesse, mais comment l'obtenir? Cela commence par une carrière réussie, basée sur vos talents et vos compétences. Investissez en vous avec une éducation, des livres ou un emploi de qualité où vous pourrez développer un ensemble de compétences de qualité. Identifiez vos talents et découvrez un moyen de les transformer en un monstre générateur de revenus. En faisant cela, vous pouvez vraiment tirer parti de votre carrière pour vous enrichir.

- "De temps en temps, le marché fait quelque chose de si stupide qu'il vous coupe le souffle." - Jim Cramer Il n'y a pas de pari sûr dans le domaine de l'investissement ; il y a du risque dans tout. Préparez-vous aux hauts et aux bas.

- "Je ne paierais pas d'avance. J'investirais à votre place et laisserais les investissements couvrir le tout. - Dave Ramsey

Une réponse parfaite à la question : "Dois-je payer mon _____ (remplir l'espace vide) ou investir pour ma retraite ? Cela dit, un solde de carte de crédit de 30 % peut devenir un trou noir s'il n'est pas payé rapidement. Essentiellement, il rembourse la dette à des taux d'intérêt élevés et maintient la dette à des taux plus bas.

- "Un investissement dans la connaissance est dans le meilleur intérêt". - Benjamin Franklin

S'il s'agit d'un investissement, rien ne paiera plus que sa scolarité. Faites les recherches, les études et les analyses indispensables avant de tirer des conclusions sur l'investissement.

- "Les quatre mots les plus dangereux pour l'investissement sont : cette fois, c'est différent." - Sir John Templeton

Suivez les tendances et l'histoire du marché. Ne spéculez pas sur le fait que ce moment particulier sera différent. Par exemple, une clé importante pour investir dans un fonds d'actions ou d'obligations particulier est son exécution sur cinq ans.

- "Une large diversification n'est nécessaire que lorsque les investisseurs ne comprennent pas ce qu'ils font. - Warren Buffett

Au départ, la diversification est cruciale. Une fois que vous avez les pieds dans le plat et que vous avez confiance en vos investissements, vous pouvez ajuster votre portefeuille en conséquence et faire des paris plus importants.

- "Il y a des récessions, il y a des chutes de la bourse. Si vous ne comprenez pas ce qui va se passer, alors vous n'êtes pas prêt, vous ne réussirez pas sur les marchés. - Peter Lynch.

Si vous êtes touché par une récession ou une chute, vous devez maintenir le cap. Les économies sont cycliques et les marchés ont montré qu'ils allaient se redresser.

Assurez-vous d'en faire partie!

Le monde de l'investissement peut être froid et difficile. Cependant, si vous faites des recherches approfondies et que vous gardez la tête froide, vos chances de réussite à long terme sont convaincantes. Relisez ces citations si vous vous sentez hésitant ou déstabilisé par un investissement. En quoi sont-elles pertinentes pour votre expérience? Avez-vous des citations à ajouter ?

Chapitre 5: Conclusion

Vous pouvez intensifier vos affirmations avec un seul mot : facilement.

Je rapporte cent mille dollars par mois, alors que je gagne facilement cent mille dollars par mois.

Remarquez comment le mot apporte facilement un sentiment de calme et intensifie l'effet émotionnel favorable de l'affirmation?

Voici quelques moyens supplémentaires de rendre vos affirmations plus percutantes:

Assurez-vous que vos affirmations sont audacieuses, claires et positives.

Entraînez-vous à dire vos affirmations pendant une demi-heure par jour. Dites-les dans votre tête et à voix haute, même si c'est gênant. Votre nouvelle vision exige du courage, et vous ne pouvez pas attendre que vos affirmations paraissent sincères - elles ne sembleront pas sincères tant que vous ne commencerez pas à y croire.

Si vous commencez à remettre en question vos affirmations, reconnaissez que votre esprit inconscient vous envoie un signal basé sur votre conditionnement - et non sur ce que vous êtes capable de réaliser.

Continuez à vous engager à nouveau dans la procédure. Chaque fois que vous vous fixez un objectif plus élevé, consacrez-vous à réarticuler cet objectif et à l'imprimer dans votre inconscient.

En plus de votre affirmation, passez à l'action.

RÉCLAMATIONS FINANCIÈRES ET DE RICHESSE

Une affirmation ne donnera pas de résultats dans votre vie si vous n'avez pas le bon plan pour soutenir cette affirmation et si vous n'agissez pas quotidiennement conformément à ce plan.

Si votre désir est de disposer d'une abondance d'argent liquide pour répondre à vos besoins, pratiquez cette affirmation pour l'argent liquide : "J'ai toujours une abondance d'argent liquide pour répondre à tous mes besoins.

Répétez-le plusieurs fois, puis cessez d'affirmer. Restez silencieux pendant que vous reconnaissez, visualisez et ressentez ce que c'est que d'avoir déjà la somme d'argent que vous voulez.

Ayez l'impression que c'est déjà fait et que tous vos besoins sont plus que satisfaits. Tant que vous êtes dans cet état, soyez ouvert à tous les moyens par lesquels vous attirerez de l'argent dans votre vie pour répondre à tous vos besoins.

Choisissez les affirmations qui vous semblent appropriées, celles qui vous touchent ou qui font appel à vos émotions. Il est essentiel que les mots vous mettent à l'aise et qu'ils soient en accord avec ce que vous êtes. N'hésitez pas à en produire un pour votre besoin particulier en y substituant d'autres mots qui ont une signification particulière pour vous.

N'oubliez pas que les affirmations prennent un peu de temps, mais une fois que vous aurez entamé la procédure, vous serez surpris de la rapidité avec laquelle elle se déroule. Au début, cela ressemble à beaucoup de travail sans grand résultat, mais bientôt l'élan de la procédure commence à prendre le dessus.

En vous, il y a une étoile qui veut s'exprimer. Il suffit d'apprendre à utiliser ses facultés conscientes pour exploiter le pouvoir fantastique de cet esprit inconscient.

Enfin (lisez ceci à haute voix) : je suis en train de réaliser tout ce que j'avais prévu de faire.

SUCCÈS ET PROSPÉRITÉ!!!

Visitez notre site web! Obtenez d'autres livres de MENTES LIBRES!

https://www.amazon.fr/MENTES-LIBRES/e/B08274DDV4?ref_=dbs_p_ebk_r00_abau_000000

Si vous le souhaitez, vous pouvez laisser votre commentaire sur ce livre en cliquant sur le lien suivant afin que nous puissions continuer à nous développer! Merci beaucoup pour votre achat!

https://www.amazon.fr/dp/B089BXY9BJ

www.ingramcontent.com/pod-product-compliance
Lightning Source LLC
Chambersburg PA
CBHW071122240526
45465CB00022B/767